This Book Belongs To

Enjoying this Notebook?

Please leave a review because we would love to hear your feedback, opinions, and advice to create better products and services for you! Also, We want to know how you creatively use your notebooks and Journals.

Thank you for your support.
You are greatly appreciated!

Dazzling Publishers

Date: __/__/20__   Day: _____

Date: __/__/20__   Day: _____

Date: __/__/20__   Day: _____

Date: ___/___/20___   Day: _____

Date: __/__/20__   Day: _____

Date: ___/___/20___   Day: _____

Date: __/__/20__   Day: _____

Date: ___/___/20___   Day: _____

Date: __/__/20__   Day: _____

Date: ___/___/20___   Day: _____

Date: __/__/20__   Day: _____

Date: __/__/20__   Day: _____

Date: __/__/20__   Day: _____

Date: ___/___/20___   Day: _____

Date: __/__/20__   Day: _____

Date: ___/___/20___   Day: _____

Date: ___/___/20___   Day: _____

Date: ___/___/20___   Day: _____

Date: __/__/20__   Day: _____

Date: ___/___/20___   Day: _____

Date: __/__/20__   Day: _____

Date: ___/___/20___   Day: _____

Date: __/__/20__   Day: _____

Date: __/__/20__   Day: _____

Date: __ /__ /20__   Day: _____

Date: __/__/20__   Day: _____

Date: __/__/20__   Day: _____

Date: ___/___/20___   Day: _____

Date: __/__/20__   Day: _____

Date: ___/___/20___   Day: _____

Date: __/__/20__   Day: _____

Date: ___/___/20___   Day: _____

Date: __ __/__ __/20__ __   Day: _ _ _ _ _ _ _

Date: ___/___/20__   Day: _____

Date: ___/___/20___   Day: _____

Date: ___/___/20___   Day: _____

Date: __/__/20__   Day: _____

Date: __/__/20__   Day: _____

Date: ___/___/20___   Day: _____

Date: __/__/20__   Day: _____

Date: ___/___/20___   Day: _____

Date: ___/___/20___   Day: _____

Date: __/__/20__   Day: _____

Date: ___/___/20___   Day: _____

Date: __/__/20__   Day: _____

Date: __/__/20__   Day: _____

Date: ___/___/20___   Day: _____

Date: __/__/20__   Day: _____

Date: __/__/20__   Day: _____

Date: __/__/20__   Day: _____

Date: __/__/20__   Day: _____

Date: __/__/20__   Day: _____

Date: __ / __ / 20 __   Day: _ _ _ _ _ _ _

Date: ___/___/20___   Day: _____

Date: __/__/20__   Day: _____

Date: __/__/20__   Day: _____

Date: __/__/20__   Day: _____

Date: __/__/20__   Day: _____

Date: __/__/20__   Day: _____

Date: ___/___/20___   Day: _____

Date: __/__/20__   Day: _____

Date: __/__/20__   Day: _____

Date: __/__/20__   Day: _____

Date: ___/___/20___   Day: _____

Date: ___/___/20___   Day: _____

Date: ___/___/20__   Day: _____

Date: ___/___/20___   Day: _____

Date: ___/___/20___   Day: _____

Date: __/__/20__   Day: _____

Date: _ _/_ _/20_ _   Day: _ _ _ _ _ _ _

Date: __/__/20__   Day: _____

Date: ___/___/20___   Day: _____

Date: __/__/20__   Day: _____

Date: ___/___/20___   Day: _____

Date: __/__/20__   Day: _____

Date: __/__/20__   Day: _____

Date: __/__/20__   Day: _____

Date: __/__/20__   Day: _____

Date: __/__/20__   Day: _____

Date: ___/___/20___   Day: _____

Date: __/__/20__   Day: _____

Date: ___/___/20__   Day: _____

Date: __/__/20__   Day: _____

Date: ___/___/20___   Day: _____

Date: __/__/20__   Day: _____

Date: __/__/20__   Day: _____

....

....

....

....

....

....

....

....

....

....

....

....

....

....

....

....

....

....

....

....

....

....

....

....

....

Date: ___/___/20___   Day: _____

Date: ___/___/20___   Day: _____

Date: __/__/20__   Day: _____

Date: ___/___/20__   Day: _____

Date: __/__/20__   Day: _____

Date: ___/___/20___   Day: _____

Date: ___/___/20__   Day: _____

Date: ___/___/20___   Day: _____

Date: __/__/20__   Day: _____

Date: ___/___/20___   Day: _____

Date: __/__/20__   Day: _____

Date: __/__/20__   Day: _____

Date: ___/___/20___   Day: _____

Date: __/__/20__   Day: _____

Date: ___/___/20___   Day: _____

Date: ___/___/20___   Day: _____

Date: ___/___/20___   Day: _____

Date: ___/___/20___   Day: _____

Date: __/__/20__   Day: _____

Made in the USA
Monee, IL
18 October 2021